1단계

★★★
2차 개정판

나의 생각 글쓰기

기초 문장력 향상의 길잡이

나의 생각 글쓰기의 구성

나의 생각 글쓰기에는 문장 쓰기뿐 아니라 국어 공책 쓰기, 각 장르 글쓰기 등이 다음과 같이 실려 있습니다.

1. 문장 쓰기

기훈이가 노래를 듣습니다.

기훈이가 노래를 [부릅니다].

2. 일기

> 10월 10일 일요일   뭉게구름이 두둥실
> 수영장
>
> 아침에 용준이와 수영장에 갔다. 나는 수영을 못해서 선생님께 수영을 배웠다. 그런데 용준이는 물개처럼 혼자서도 수영을 잘했다. _____
> _____

수영을 잘하는 용준이가 부러웠다.

3. 설명하는 글

	생김새	지느러미가 있고, 이빨이 날카롭다.
	사는 곳	바다

상어는 지느라미가 있고, 이빨이 날카롭다. 바다에서 산다.

4. 주장하는 글

재희는 놀이터 앞에서 현주를 기다렸다. 함께 도서관에 가기로 약속했기 때문이다. 그런데 현주는 약속 시간이 한참이 지나서야 나타났다. 재희는 현주가 미웠다.

주장: 약속 을 잘 지키자.

5. 독후감

 다음은 지현이가 '토끼와 거북이'를 읽고 일기장에 쓴 독후감입니다.

11월 28일 일요일 아주 맑음	날짜, 요일, 날씨
'토끼와 거북이'를 읽고	책의 제목
	그림
'토끼와 거북이'를 읽었다.	책 소개
토끼는 경주에서 거북이에게 당연히 이길	기억에 남은 부분
줄 알고 중간에 낮잠을 잤다. 그 사이 거북	
이 가 열심히 기어가서 결국 토끼가 졌다.	
토끼가 잘난 척하지 않고 처음부터 최선	느낌이나 생각
을 다했으면 분명히 이겼을 것이다. 나도 방	
심 하지 않고 항상 끝까지 최선을 다하는 사	
람 이 되어야겠다.	

★★★
2차 개정판

나의 생각 글쓰기 목차

내 생각을 깊게 살피는 것이

내 표현을 확실히 하는 것이다.

- 폴 뉴먼(작가)

1과 문장을 써요

1 낱말을 넣어요

 그림을 보고 알맞은 낱말을 넣어 문장을 완성하세요.

물	고	기

가 헤엄칩니다.

(1) 사람들이  을 합니다.

(2)  가 뛰어갑니다.

(3) 바다에는 ☐ 가 떠 있습니다.

(4) ☐ 가 하늘을 날아갑니다.

그림을 보고 동물들이 무엇을 하는지 낱말을 넣어 문장을 완성하세요.

사자가 물을 | 먹 | 습 | 니 | 다 |.

(5) 곰이 줄넘기를 ⬜⬜⬜ .

(6) 염소가 자전거를 ⬜⬜⬜ .

(7) 호랑이가 책을 ⬜⬜⬜⬜ .

(8) 토끼가 잠을 ⬜⬜⬜ .

그림을 보고 알맞은 낱말을 넣어 문장을 완성하세요.

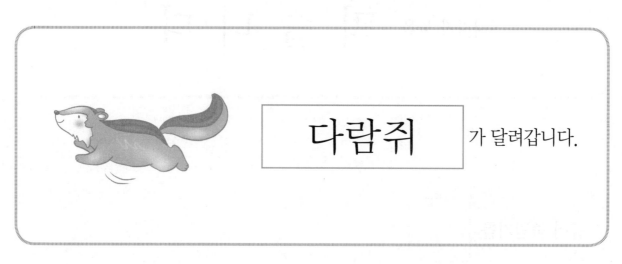

다람쥐 가 달려갑니다.

(9)
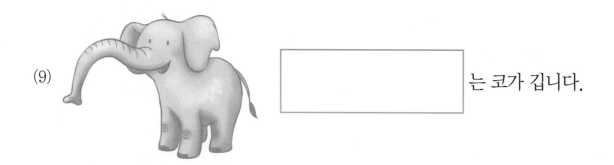
는 코가 깁니다.

(10)

는 귀가 큽니다.

(11) 영호가 [ ] 를 씁니다.

(12) 예준이가 [ ] 을 신습니다.

(13) 승훈이가 [ ] 을 먹습니다.

(14)

지호가 춤을
　　　　　　　　　.

(15)

기훈이가 공을
　　　　　　　　.

(16)

예은이가 물을
　　　　　　　　.

밑줄 친 부분을 다른 말로 바꾸어 문장을 완성하세요.

참새가 날아갑니다.

| 비행기 | 가 날아갑니다.

(1) 뱀이 기어갑니다.

| | 이(가) 기어갑니다.

(2) 사슴이 뛰어갑니다.

| | 이(가) 뛰어갑니다.

(3)   윤석이가 김밥을 먹습니다.

윤석이가 [   ] 을(를) 먹습니다.

(4)   정훈이가 지우개를 샀습니다.

정훈이가 [   ] 을(를) 샀습니다.

(5)   은호가 방을 청소합니다.

은호가 [   ] 을(를) 청소합니다.

(6)   효연이는 고양이를 좋아합니다.

효연이는 [   ] 을(를) 좋아합니다.

(7) 주현이가 종이를 접습니다.

주현이가 종이를 [   ] .

(8) 강호는 축구를 잘합니다.

강호는 축구를 [   ] .

(9) 은지가 옷을 벗습니다.

은지가 옷을 [   ] .

(10) 정수가 책을 봅니다.

정수가 책을 [   ] .

3 종합 연습

 밑줄 친 부분을 다른 말로 바꾸어 문장을 완성하세요.

(1) <u>동생이</u> 그림을 그립니다.

［　　　　　　　］ 이(가) 그림을 그립니다.

(2) 민준이가 <u>사과를</u> 삽니다.

민준이가 ［　　　　　　　］ 을(를) 삽니다.

(3) 기훈이가 노래를 <u>듣습니다.</u>

기훈이가 노래를 ［　　　　　　　］ .

2과 문장이 뭐예요

'낱말'이 모여 '문장'을 만듭니다.

낱말	하마	사과	먹다
문장	하마가 사과를 먹습니다.		

다음 말이 낱말이면 '낱말', 문장이면 '문장'이라고 쓰세요.

(1) 아버지   (　　　　　　　)

(2) 명수가 밥을 먹습니다.   (　　　　　　　)

(3) 자전거   (　　　　　　　)

(4) 비가 내립니다.   (　　　　　　　)

다음 낱말 카드를 줄로 이어 문장을 만드세요.

(5)　독수리가　•　　•　손을　•　　•　날아갑니다.

(6)　현수가　•　　•　하늘을　•　　•　씻습니다.

 다음 낱말 카드를 이용하여 문장을 만드세요.

예나가	코알라가	닦습니다
먹습니다	이를	나뭇잎을

(7)

_____

(8)

_____

2 문장을 완성해요 (1)

 빈칸을 채워 문장을 완성하세요.

나는 　축구를 / 공룡을　 싫어합니다.

(1) 나는 ＿＿＿＿＿ 좋아합니다.

(2) 나는 ＿＿＿＿＿ 잘합니다.

(3) 나는 ＿＿＿＿＿ 못합니다.

나는 아침마다　운동을 합니다.

음악을 듣습니다.

(4) 나는 자기 전에

(5) 나는 학교에서

(6) 나는 학교에서 돌아오면

3 문장을 완성해요 (2)

 빈칸에 알맞은 말을 넣어 문장을 완성하세요.

밥을 먹고 나면

잠들기 전에

이를 닦습니다.

(1)

인사를 합니다.

(2)

큰 소리로 웃습니다.

(3) 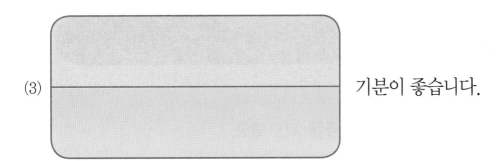 기분이 좋습니다.

(4) 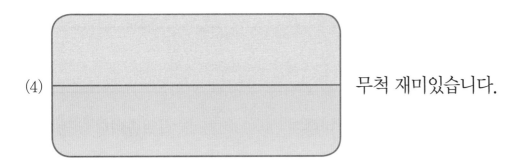 무척 재미있습니다.

(5)  참 예쁩니다.

4 짧은 글 짓기

 다음 낱말들을 사용해서 짧은 글을 지으세요.

봄	꽃	핍니다

봄에는 꽃이 핍니다.

(1)

색종이	비행기	접었습니다

(2)

추석	송편	먹습니다

(3)

| 친구 | 생일 | 초대 |

(4)

| 집 | 점심 | 김밥 |

(5)

| 놀이터 | 그네 | 놀았습니다 |

(6)

| 운동장 | 친구 | 하였습니다 |

(7)
비	우산

_____

(8)
눈	썰매

_____

(9)
감기	주사

_____

(10)
날씨	선풍기

_____

3과 자세히 써요

1 흉내 내는 말로 자세히 써요

아기가 엉덩이를 실룩실룩 움직이며 걸어갑니다.

흉내 내는 말을 쓰면 상황을 더 자세하고 재미있게 나타낼 수 있습니다.

 빈칸에 알맞은 낱말을 찾아 넣어 문장을 자세히 쓰세요.

> 둥둥   훨훨   펑펑   콩콩
>
> 오물오물   뒤뚱뒤뚱   방긋방긋

(1) 흰 눈이 [   ] 쏟아집니다.

(2) 오리가 물 위에 [   ] 떠 있습니다.

(3) 아기가 나를 보고 [   ] 웃습니다.

(4) 아이들이 방에서 [   ] 뛰어놉니다.

(5) 동생이 밥을 [   ] 씹어 먹습니다.

(6) 새가 강 위를 [   ] 날아갑니다.

(7) 펭귄이 [   ] 걷습니다.

2 민수가 공을 힘껏 찹니다

민수가 공을 찹니다.

민수가 공을 <u>힘껏</u> 찹니다.

꾸며 주는 말을 사용하여 문장을 더 정확하게 표현할 수 있습니다.

 빈칸에 알맞은 낱말을 넣어 문장을 자세히 쓰세요.

⑴ 풍선이 하늘 | 높 | 이 | 날아갑니다.

⑵ 정수가 공을 | 머 | 리 | 던집니다.

⑶ 두더지가 땅속 | 깊 | 이 | 들어갑니다.

빈칸에 알맞은 낱말을 찾아 넣어 문장을 자세히 쓰세요.

(4) 현준이가 운동장을 ☐ 달립니다.

(5) 현주가 머리를 ☐ 빗습니다.

(6) 준수가 사과를 ☐ 먹습니다.

(7) 재훈이가 커다란 돌을 ☐ 듭니다.

| 맛있게 | 예쁘게 | 가볍게 | 빠르게 |

민규는 오전에 책을 읽었습니다

민규는 책을 읽었습니다.

민규는 오전에 책을 읽었습니다. (언제)

민규는 도서관에서 책을 읽었습니다. (어디에서)

어떤 일이 '언제, 어디에서' 일어났는지 적으면 사실을 훨씬 정확하게 전달할 수 있습니다.

 빈칸에 알맞은 장소나 시간을 넣어 문장을 자세히 쓰세요.

┌─ 나는 심부름으로 ∨ 두부를 사 왔습니다.

├─ 나는 심부름으로 | 5시쯤 | 두부를 사 왔습니다. (언제)

└─ 나는 심부름으로 | 슈퍼마켓에서 | 두부를 사 왔습니다. (어디에서)

(1)
　┌ 성규는 ∨ 민주를 만났습니다. (언제)
　│
　│　성규는 [　　　　　　] 민주를 만났습니다.
　└

(2)
　┌ 명수는 ∨ 영제네 집에 놀러 갔습니다. (언제)
　│
　│　명수는 [　　　　　　] 영제네 집에 놀러 갔습니다.
　└

(3)
　┌ 영지는 ∨ 넘어졌습니다. (어디에서)
　│
　│　영지는 [　　　　　　] 넘어졌습니다.
　└

(4)
　┌ 민재는 친구들과 ∨ 술래잡기를 했습니다. (어디에서)
　│
　│　민재는 친구들과 [　　　　　　] 술래잡기를 했습니다.
　└

4 재연이가 달콤한 사탕을 먹었습니다

재연이가 사탕을 먹었습니다. (맛)

재연이가 달콤한 사탕을 먹었습니다.

꾸며 주는 말을 사용하여 대상을 더욱 자세히 나타낼 수 있습니다.

 ∨에 알맞은 말을 넣어 문장을 자세히 쓰세요.

∨ 병아리가 걸어갑니다. (색깔)

노란　　병아리가 걸어갑니다.

_____

(1) 정원에 ∨ 꽃이 피었습니다. (색깔)

(2) 성은이가 ∨ 물을 마셨습니다. (온도)

_____

(3) ∨ 새가 숲으로 날아갔습니다. (크기)

_____

(4) 승재가 ∨ 김치를 먹었습니다. (맛)

_____

(5) 정민이는 ∨ 방에 혼자 앉아 있었습니다. (넓이)

_____

(6) 홍수는 ∨ 책을 두 권 읽었습니다. (두께)

_____

∨에 알맞은 말을 넣어 문장을 자세히 쓰세요.

(1) 정연이는 ∨ ∨ 숙제를 했습니다. (언제) (어디에서)

_____

(2) 윤주는 ∨ ∨ 솜사탕을 먹었습니다. (언제) (맛)

_____

(3) 미현이는 ∨ ∨ 토끼를 보았습니다. (어디에서) (색깔)

_____

(4) 희진이가 ∨ ∨ 돌멩이를 연못에 던졌습니다. (언제) (크기)

_____

4과 사실과 생각

1 사실과 생각

오전에 비가 내렸습니다. 비는 왜 내리는지 궁금했습니다.

'오전에 비가 내렸습니다.'라는 문장은 오전에 비가 내린 사실을 있는 그대로 표현한 문장입니다.

'비는 왜 내리는지 궁금했습니다.'라는 문장은 비가 왜 내리는지, 생각을 표현한 문장입니다.

 다음 그림을 보고, 사실을 적은 문장에는 '사실', 생각을 쓴 문장에는 '생각'이라고 쓰세요.

(1)
① 민수와 자전거를 탔습니다. (   )

② 친구와 자전거를 타면 매우 즐겁습니다. (   )

다음 문장 가운데 사실에는 '○'표, 생각에는 '△'표 하세요.

병원에서 주사를 맞았습니다. ○

주사는 너무 무섭습니다. △

(2)

새가 하늘을 날아갑니다.

나도 하늘을 날고 싶습니다.

(3)

무지개는 아름답습니다.

하늘에 무지개가 떴습니다.

(4)

승환이는 강아지를 키웁니다.

나도 강아지를 키우고 싶습니다.

그림을 보고, 사실을 맞게 나타낸 문장을 찾아 동그라미 하세요.

(1)

① 민지가 세수를 합니다. ( )

② 민지가 이를 닦습니다. ( )

(2)

① 윤희는 우산을 썼습니다. ( )

② 윤희는 비옷을 입었습니다. ( )

(3)

① 현준이 다리에서 피가 납니다. ( )

② 현준이 팔에서 피가 납니다. ( )

다음 글에서 사실 문장을 찾아 밑줄을 그으세요.

<u>어제 가족들과 통닭을 먹었습니다.</u> 나는 통닭을 아주 좋아합니다. 매일 먹고 싶습니다.

(4) 우리 집에서 영찬이와 라면을 먹었습니다. 라면이 정말 맛있었습니다.

(5) 학교에서 운동회를 했습니다. 내가 달리기에서 1등을 해서 정말 기뻤습니다.

(6) 나는 곤충을 좋아합니다. 메뚜기, 방아깨비, 사슴벌레는 모두 곤충입니다.

3 생각을 표현해요

 사실에 알맞은 생각을 찾아 줄로 이어 보세요.

(1) 병아리를 보았습니다. •

• 열심히
연습해야겠습니다.

(2) 미끄럼틀을 타다가
바지가 찢어졌습니다. •

• 매일 놀러 오면
좋겠습니다.

(3) 다음 주에
달리기 시합이
있습니다. •

• 집에서 키우고
싶었습니다.

(4) 사촌 언니가
놀러 왔습니다. •

• 무척
창피했습니다.

다음 사실을 읽고, 생각을 알맞게 쓰세요.

(5) 아침에 늦게 일어나 학교에 지각했습니다.

(6) 동생과 말싸움을 했습니다.

(7) 창문 밖에서 새소리가 들렸습니다.

(8) 희정이가 아파서 학교에 결석했습니다.

4 사실과 생각을 써요

 그림을 보고, 사실이나 생각을 빈칸에 알맞게 쓰세요.

(1)

사실	달리기 시합을 하다가 넘어졌습니다.
생각	

(2)

사실	
생각	무척 재미있어서 또 가고 싶습니다.

(3)

사실	나는 국수를 먹었습니다.
생각	

(4)

사실	
생각	내일은 백 점을 받으면 좋겠습니다.

(5)

사실	산 정상에 올랐습니다.
생각	

(6)

사실	
생각	시원한 물을 마시고 싶었습니다.

5과 원인과 결과

1. 원인과 결과란?

2. 그래서 그랬구나

3. 어떻게 될까?

1 원인과 결과란?

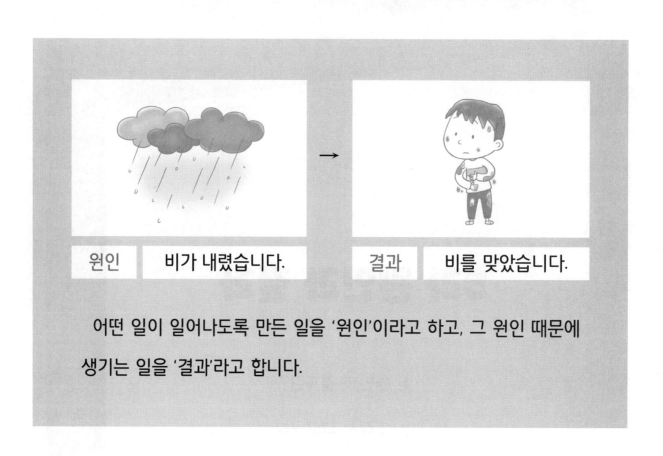

| 원인 | 비가 내렸습니다. | 결과 | 비를 맞았습니다. |

어떤 일이 일어나도록 만든 일을 '원인'이라고 하고, 그 원인 때문에 생기는 일을 '결과'라고 합니다.

 그림을 보고 왼쪽에는 원인을, 오른쪽에는 결과를 쓰세요.

(1)

| | → | 무서웠습니다. |

(2)

| | → | 땀이 났습니다. |

(3)

→

| 바람이 세게 불었습니다. | → | |

주어진 문장을 원인과 결과로 나누어 쓰세요.

아침밥을 먹지 않아서 배가 고픕니다.

원인	아침밥을 먹지 않았습니다.
결과	배가 고픕니다.

(4)

우유를 쏟아서 옷이 젖었습니다.

원인	
결과	

(5)

거짓말을 해서 벌을 받았습니다.

원인	
결과	

(6)

눈이 나빠져서 안경을 썼습니다.

원인	
결과	

(7)

눈이 내려서 길이 미끄러웠습니다.

원인	
결과	

(8)

길을 걷다가 넘어져서 다리를 다쳤습니다.

원인	
결과	

2 그래서 그랬구나

'원인'과 '결과'를 나타내는 문장을 이어서 쓸 때는 두 문장 사이에 '그래서'를 쓰기도 합니다. 그림과 결과를 보고, 원인을 알맞게 쓰세요.

(1)

| 원인 | _____
_____ |
| 결과 | 그래서 배가 아팠습니다.
_____ |

(2)

| 원인 | _____
_____ |
| 결과 | 그래서 숨이 찼습니다.
_____ |

다음 문장을 보고 왜 그렇게 되었을지 원인을 쓰세요.

원인	운동을 열심히 했습니다.
결과	그래서 몸이 튼튼해졌습니다.

(3)

원인	
결과	그래서 칭찬을 받았습니다.

(4)

원인	
결과	그래서 풍선이 '펑' 하고 터졌습니다.

(5)

원인	
결과	그래서 어머니께 꾸중을 들었습니다.

3 어떻게 될까?

 다음과 같은 일이 생기면 어떻게 될까요? 결과를 쓰세요.

먹구름이 해를 가렸습니다.

그래서 밖이 어두워졌습니다.

---

(1)

아침을 먹지 않았습니다.

그래서

---

(2)

이를 잘 닦지 않았습니다.

그래서

---

(3)

연필을 바닥에 떨어뜨렸습니다.

그래서

빈칸에 원인에 대한 결과를 쓰고, 한 문장으로 만드세요.

방귀를 뀌었습니다.   냄새가 났습니다.

방귀를 뀌어서 냄새가 났습니다.

_____

(4) 텔레비전을 가까이서 보았습니다.   ①

② _____

(5) 청소를 했습니다.   ①

② _____

(6) 비가 내렸습니다.   ①

② _____

밑줄 친 부분에 들어갈 수 있는 원인이나 결과를 쓰세요.

(7) <u>친구에게 장난을 쳐서</u> 선생님께 혼났습니다.

_____

(8) <u>옷을 얇게 입어서</u> 감기에 걸렸습니다.

_____

(9) 바람이 심하게 불어서 <u>눈을 뜰 수 없었습니다.</u>

_____

(10) 창문을 열어서 <u>방 안이 밝아졌습니다.</u>

_____

6과 국어 공책 쓰기

1. 문장 부호

2. 띄어쓰기

1 문장 부호

문장에 쓰는 부호가 있습니다.

. 마침표	사실이나 생각 등을 나타내는 문장 끝에 씁니다. 오늘은 6월 10일입니다.
, 쉼표	① 부르는 말 뒤에 씁니다. ② 잠시 쉬어 읽을 때 씁니다. ③ 여러 낱말을 늘어놓을 때 씁니다. ① 민주야, 여기 앉아. ② 그때, 강아지가 나타났다. ③ 나는 사과, 배, 귤을 좋아한다.
! 느낌표	느낌을 나타내는 문장 끝에 씁니다. 벌써 꽃이 피었구나!
? 물음표	묻는 문장 끝에 씁니다. 지금 몇 시니?

빈칸에 들어갈 문장 부호를 알맞게 쓰세요.

(1) 이따가 놀이터에 놀러 갈까

(2) 이 꽃 정말 예쁘구나

(3) 학교 끝나고 집에 같이 갈래

(4) 창밖에 비가 내린다

(5) 겨울이 지나가고 벌써 봄이 왔구나 ☐

(6) 연주야 ☐ 밥 먹었니 ☐

(7) 영준이 ☐ 진영이는 우리 반 친구들이다 ☐

(8) 나는 아버지 ☐ 어머니와 함께 여행을 갔다 ☐

(9) 진호야 ☐ 이것 좀 같이 들어줄 수 있겠니 ☐

2 띄어쓰기

국어 공책에는 다음과 같이 띄어 써야 합니다.

1. 느낌표와 물음표 뒤에는 한 칸 띄어 쓰고, 마침표와 쉼표 뒤에
   는 붙여 씁니다.

◯ : 다음 한 칸을 띄어 씁니다.

◌ : 한 칸을 띄지 않고 바로 씁니다.

	현	주	가		어	떤		선	물
을		좋	아	할	까	? ∨		색	연
필	,	공	책		같	은		학	용
품	은		싫	어	할		것		같
다	.	참	,	현	주	는		인	형
을		좋	아	하	지	! ∨		그	러
면		예	쁜		인	형	을		사
주	어	야		되	겠	다	.		

다음 문장을 국어 공책에 옮겨 쓰세요.

(1) 내가 좋아하는 겨울이 왔구나! 창밖에 눈이 내린다.

	내	가								
			왔	구	나	!				
									.	

(2) 윤주가 이사 간 지 벌써 한 달이 지났다. 윤주가 잘 지내는지 궁금하다.

	윤	주	가							
지	났	다	.							
									.	

2. 글을 처음 시작할 때에는 첫 칸을 비우고 씁니다.

첫 줄은 첫 칸을 비우고 씁니다.

╱	동	물	원	에	서		코	끼	리
와		사	자	를		보	았	다	.

둘째 줄부터는 첫 칸을 비우지 않습니다.

 다음 문장을 국어 공책에 바르게 옮겨 쓰세요.

(3) 비행기가 푸른 하늘 위로 높이 날아간다.

╱						푸	른		
		•							

(4) 나는 크면 어린이들을 가르치는 선생님이 되고 싶다.

(5) 지각을 해서 선생님께 혼났다. 앞으로는 늦게까지 책을 읽지 말아야겠다.

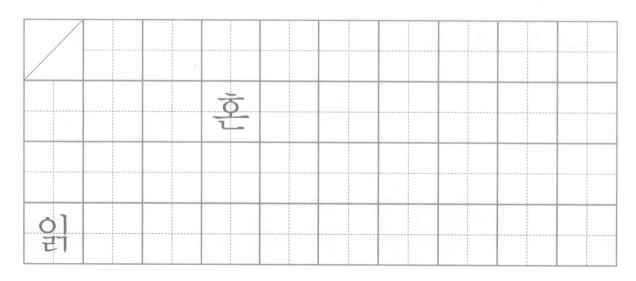

3. 한 줄의 마지막 칸 다음에 띄어 써야 할 때, 칸 오른쪽 빈 곳에 띄어 쓰는 표시(∨)를 합니다.

공책 오른쪽 빈 곳에 띄어 쓰는 표시를 합니다.

	동	물	원	에	서		사	자	와
코	끼	리	를		보	았	다.		

→ 띄어 써야 할 곳이라도 비우지 않습니다.

 다음 문장을 국어 공책에 바르게 옮겨 쓰세요.

(6) 명수는 놀이터에서 현규와 함께 그네를 탔다.

	명	수	는						
						그			

(7) 청소가 다 끝나면 청소 도구를 잘 정리한다.

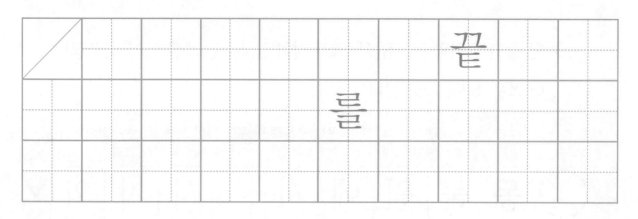

(8) 용태는 내 친구 중에서 농구를 제일 잘한다. 용태와 같은 편이 되고 싶다.

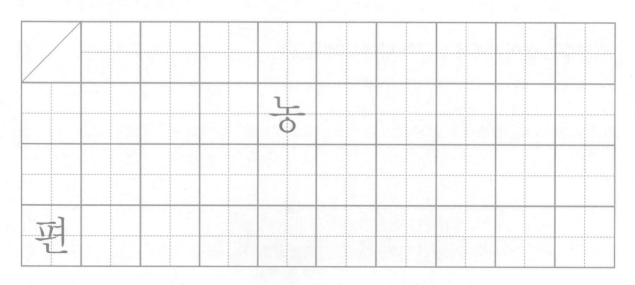

7과 쪽지

1 쪽지란?

효연이는 상훈이에게 책을 빌렸습니다. 책을 다 읽은 효연이는 상훈이에게 고마운 마음을 전하고 싶었습니다. 그래서 다음과 같이 쪽지를 썼습니다.

상훈아,

재미있는 책 빌려줘서 정말 고마워.

효연이가

- 받을 사람
- 전하고 싶은 말
- 한 줄 비우기
- 보낸 사람

이처럼 다른 사람에게 자신이 전하고 싶은 이야기를 간단하게 적어서 보내는 글을 '쪽지'라고 합니다. 다른 사람에게 미안함, 고마움 등의 마음을 전하거나, 말로는 하기 어려운 부탁을 할 때 쪽지를 씁니다.

2 더 잘 쓴 쪽지

 형민이가 부모님께 받은 쪽지입니다. 잘 읽고 물음에 답하세요.

형민아,
이번 주말에 아빠랑 놀자.

아빠가

형민아,
이번 주말에 엄마랑 같이 도서관 갈래? 보고 싶은 책이랑 먹고 싶은 것 생각해 놓으렴.

엄마가

(1) 쪽지를 보낸 사람은 누구, 누구인가요?

_____ , _____

(2) 전하고자 하는 내용이 더 잘 담긴 쪽지는 누가 보낸 것인가요?

_____

기훈이는 어제 학교에 연필을 가져오지 않았습니다. 그런데 수업 시간에 민주가 연필을 빌려줘서 민주에게 정말 고마웠습니다. 기훈이는 민주에게 자신이 전하고 싶은 말을 담아 쪽지를 썼습니다.

받을 사람	민주
전하고 싶은 말	수업 시간에 연필을 빌려줘서 정말 고마웠다.

기훈이는 위의 표를 이용해 다음과 같이 쪽지를 썼습니다.

	민주야,	받을 사람
	수업 시간에 연필을 빌려 줘서 정	전하고 싶은 말
말	고마워.	
		한 줄 비우기
	기훈이가	보낸 사람

은영이는 친구들에게 쪽지를 쓰려고 합니다. 은영이에게 있었던 일을 잘 읽고, 표를 참고하여 은영이를 대신하여 쪽지를 쓰세요.

(1)

> 그저께 미술 시간에 있었던 일이다. 은영이의 색연필이 부러졌는데 짝꿍인 지현이가 색연필을 빌려주었다. 은영이는 지현이가 정말 고마웠다.

받을 사람	지현
전하고 싶은 말	미술 시간에 지현이가 색연필을 빌려줘서 정말 고마웠다.

(2)

> 그저께 저녁에 있었던 일이다. 은영이는 희진이가 빌려준 책을 실수로 찢었다. 은영이는 희진이에게 너무 미안했다.

받을 사람	희진
전하고 싶은 말	희진이가 빌려준 책을 실수로 찢어서 정말 미안했다.

(3)

어제 오전에 있었던 일이다. 열이 나서 은영이가 엎드려 있었다. 그 모습을 본 연주가 은영이를 보건실에 데려다주었다. 은영이는 연주가 마음이 정말 착한 친구라고 생각했다.

받을 사람	연주
전하고 싶은 말	연주가 나를 보건실에 데려다줘서 고마웠다. 연주는 정말 마음이 착한 친구다.

(4)

어제 쉬는 시간에 있었던 일이다. 은영이가 친구들과 장난을 치다가 물을 쏟았다. 그 바람에 민경이의 옷이 젖어버렸다. 은영이는 앞으로 친구들과 심한 장난을 치지 말아야겠다고 생각했다.

받을 사람	민경
전하고 싶은 말	민경이의 옷에 물을 쏟아서 미안했다. 앞으로는 친구들과 심한 장난을 치지 않겠다.

4 친구야, 내 생일 잔치에 꼭 와

 다음은 명훈이가 용진이를 생일잔치에 초대하려고 쓴 쪽지입니다.

용진아,

이번 주 일요일은 내 생일이야. 생일잔치에 네가 와 주면 좋겠어.

때: 20○○년 3월 23일 일요일 12시

곳: 세종아파트 1동 1307호

명훈이가

(1) 명훈이의 생일은 언제인가요?

(   )월 (   )일 (   )요일

(2) 명훈이의 생일잔치는 어디서 하나요?

_____

앞에서 명훈이가 썼던 쪽지와 같은 형식으로 기현이가 유환이에게 보내는 생일 초대장을 쓰세요.

때: 20○○년 4월 12일 토요일 오후 1시

곳: 성동 상가 1층 무궁화 분식

8과 일기

일기는 오늘 내게 있었던 일 가운데 한 가지를 골라, 그 일이 어떤 일인지, 그리고 그 일을 겪으며 어떤 생각을 했는지를 쓴 글입니다.

9월 1일 월요일 맑음

달리기 시합

학교 수업이 끝나고 운동장에서 달리기 시합을 했다. 저녁에 아버지께서 통닭을 사 오셔서 맛있게 먹었다. 자기 전에 이를 닦았다.

오늘 있었던 일을 모두 썼습니다.

9월 1일 월요일 맑음

달리기 시합

학교 수업이 끝나고 운동장에서 달리기 시합을 했다. 열심히 달리다가 그만 넘어져 버렸다. 친구들이 까르르 웃었다. 너무 창피해서 숨고 싶었다.

오늘 있었던 일 한 가지에 생각을 곁들였습니다. 그래서 이것이 더 잘 쓴 일기입니다.

다음 일기를 읽고, 더 잘 쓴 일기에 동그라미 하세요.

(1)

> 6월 4일 목요일   비
>
> 짝꿍 희영이
>
> 짝꿍 희영이가 감기에 걸려서 결석했다. 학교 수업이 끝나고 희영이네 집에 갔다. 희영이는 수학을 잘해서 나에게 늘 도움을 준다.

① (　　)

> 6월 4일 목요일   비
>
> 짝꿍 희영이
>
> 짝꿍 희영이가 감기에 걸려서 결석했다. 학교 수업이 끝나고 희영이네 집에 갔다. 침대에 누워있는 희영이를 보니 마음이 너무 아팠다.

② (　　)

(2)

> 7월 5일 토요일   흐림
>
> 사촌 언니
>
> 저녁에 사촌 언니가 우리 집에 놀러 왔다. 사촌 언니와 함께 인형 놀이를 하며 즐겁게 놀았다. 사촌 언니는 만화책을 정말 좋아한다.

① (　　)

7월 5일 토요일 흐림

사촌 언니

  저녁에 사촌 언니가 우리 집에 놀러 왔다. 사촌 언니와 함께 인형 놀이를 하며 즐겁게 놀았다. 언니가 우리 집에 자주 놀러 오면 좋겠다.

②

(   )

(3)

10월 11일 화요일 맑음

발표

  수업 시간에 친구들 앞에서 발표했다. 아이들이 모두 나를 쳐다보았다. 세상에서 발표하는 게 제일 싫다.

①

(   )

10월 11일 화요일 맑음

발표

  수업 시간에 친구들 앞에서 발표했다. 아이들이 모두 나를 쳐다보았다. 점심으로 내가 좋아하는 미역국이 나왔다.

②

(   )

일기에 어떤 이야기를 쓸지 막막할 때가 있습니다. 그럴 때에는 오늘 하루를 '아침, 점심, 저녁'으로 나누어 그때 있었던 일을 떠올려 봅니다. 그 가운데 하나를 골라, 그때 들었던 느낌이나 생각을 곁들여 씁니다. 여기서 고른 있었던 일을 '글감'이라고 합니다.

지수는 자신의 하루를 아침, 점심, 저녁으로 나누어 글감을 골라 보았습니다.

	있었던 일	느낌이나 생각
아침	① 반찬 투정을 했다.	어머니께 죄송했다.
	② 학교 가는 길에 은성이를 만났다.	무척 반가웠다.
점심	① 기주에게서 생일 초대장을 받았다.	기주 생일이 빨리 오면 좋겠다.
	② 머리를 잘랐다.	머리가 예쁘지 않아 실망했다.

	있었던 일	느낌이나 생각
저녁	① 기주의 생일 선물을 사러 갔다.	내 선물이 기주 마음에 들면 좋겠다.
	② 동생과 인형 놀이를 하다가 다퉜다.	동생이 얄미웠다.

다음은 오늘 점심에 있었던 일 ①번으로 지수가 쓴 일기입니다.

3월 24일 수요일   바람이 꽃잎을 흔든 날

생일 초대장

쉬는 시간에 기주가 내게 와서 분홍색 봉투를 주었다. 봉투를 열어보니 생일잔치 초대장이 있었다. 이번 주 토요일에 기주네 집으로 꼭 오라는 내용이 담겨 있었다. 기주 생일이 빨리 오면 좋겠다.

3 제목과 날씨

일기에는 제목을 함께 적습니다. 제목은 일기의 내용을 가장 잘 나타낼 수 있는 말로 정합니다.

> 10월 18일 토요일   구름이 잔뜩
>
> 제목: 고구마
>
> 할머니께서 고구마를 보내 주셨다. 어머니께서 고구마를 노릇노릇 구워 주셨다. 고구마가 정말 고소하고 달았다. 할머니께 무척 감사했다.

 다음 일기의 알맞은 제목을 찾아 동그라미 하세요.

(1)

> 10월 20일 월요일   비가 오락가락
>
> 아버지께서 저녁에 삼겹살과 상추를 사 오셨다. 아버지는 삼겹살을 구우시고, 어머니는 상추를 씻으셨다. 부모님과 같이 먹어서 그런지 삼겹살이 더 맛있었다. 앞으로 자주 먹고 싶다.

① 삼겹살과 상추   (   )

② 상추 씻는 법   (   )

(2)

10월 21일 화요일　햇빛이 반짝

　학교에서 돌아왔더니 어머니께서 사 주신 선인장이 죽어 있었다. 인터넷에서 찾아보니 선인장에는 물을 자주 주면 안 된다고 쓰여 있었다. 선인장에 매일 물을 준 것이 후회되었다. 이제 물을 안 줄 테니까 살아나면 좋겠다.

① 인터넷　　　　　　　　　　　　　　　　　（　　　　）

② 선인장　　　　　　　　　　　　　　　　　（　　　　）

(3)

10월 22일 수요일　바람이 쌩쌩

　저녁밥을 먹으려고 자리에 앉았는데 형이 휘파람을 불었다. 나도 휘파람을 불고 싶었는데 소리가 나지 않았다. 형이 알려준 방법으로 해도 소리가 안 났다. 형처럼 나이를 먹으면 자연스럽게 불 수 있는 걸까? 빨리 휘파람을 불고 싶다.

① 저녁밥　　　　　　　　　　　　　　　　　（　　　　）

② 휘파람　　　　　　　　　　　　　　　　　（　　　　）

일기에는 날씨도 함께 적습니다. 날씨를 간단하게 쓸 수도 있습니다. 하지만 날씨를 잘 관찰하여 재미있게 쓰는 연습을 하면 표현력을 기를 수 있습니다.

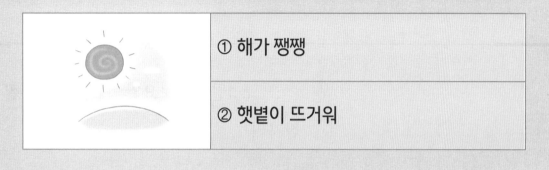

	① 해가 쨍쨍
	② 햇볕이 뜨거워

(4) 다음 그림의 날씨를 자유롭게 쓰세요.

	①
	②
	③
	④
	⑤
	⑥

4 있었던 일과 생각(1)

다음은 있었던 일만 쓴 일기입니다. 일기의 내용에 어울리는 생각을 고르세요.

(1)

> 9월 6일 토요일   구름이 두둥실
>
> 잠자리
>
> 오후에 잠자리를 잡으러 놀이터에 나갔다. 나는 잠자리를 한 마리도 못 잡았는데 호진이는 두 마리나 잡았다. _____

① 호진이가 엄청 부러웠다.   (   )

② 호진이네 집에 가서 밥을 먹었다.   (   )

(2)

> 9월 7일 일요일   해가 쨍쨍
>
> 등산
>
> 아침에 아버지와 등산을 했다. 중간에 발목을 다쳤지만, 결국 정상까지 올라갔다. _____

① 마음이 뿌듯했다.   (   )

② 집에 돌아와서 게임을 했다.   (   )

(3)

9월 10일 수요일   하늘엔 아기 구름 한 덩이만

부러진 안경

교실에서 친구들과 장난을 치고 있었다. 용수가 손을 크게 흔들다가 그만 내 얼굴을 치고 말았다. 그 바람에 내 안경이 바닥에 떨어져서 부러졌다.

_____

① 집에서 만두를 맛있게 먹었다.   (   )

② 어머니께 혼날까 봐 걱정되었다.   (   )

(4)

9월 13일 토요일   비가 많이

언니

점심을 먹고 텔레비전을 보고 있었다. 언니가 다른 프로그램을 보겠다며 채널을 바꾸었다. 그런데 언니는 내가 싫어하는 영화를 보기 시작했다.

_____

① 나는 책 읽기를 좋아한다.   (   )

② 언니가 너무 미웠다.   (   )

(5)

> 9월 15일 월요일   바람이 쌩쌩
>
> 콩밥
>
> 어머니께서 콩밥을 해 주셨다. 나와 형은 둘 다 콩을 싫어한다. 형이 밥에서 콩을 골라내더니 어머니 몰래 내 밥 위에 올려놓았다. _____
>
> _____

① 형이 너무 얄미웠다.   (   )

② 내 밥에 콩이 더 많아졌다.   (   )

(6)

> 9월 18일 목요일   해님이 방긋방긋
>
> 강아지
>
> 친구 집에 놀러 갔는데 하얗고 작은 강아지가 있었다. 강아지가 너무 귀여워서 쓰다듬어 주었다. _____

① 강아지에게 간식을 줬다.   (   )

② 나도 강아지를 키우고 싶어졌다.   (   )

다음 있었던 일을 여러분이 겪었다고 생각하고 알맞은 생각을 쓰세요.

(7)

> 10월 2일 토요일   구름이 잔뜩
>
> 이모
>
> 오늘은 이모 생신이다. 오후에 생신을 축하드리러 이모 댁에 갔다. 이모
> 께서 굉장히 좋아하셨다. _____

(8)

> 10월 4일 월요일   햇살이 따뜻
>
> 어머니의 꾸중
>
> 학원에 다녀와서 숙제를 했다. 숙제를 다 끝내고 잠깐 컴퓨터 게임을 하
> 고 있는데 어머니께서 게임만 한다고 꾸중하셨다. _____
> _____

(9)

10월 8일 금요일   구름 조금

생일 선물

아버지께서 저녁에 퇴근하시면서 생일 선물을 사 오신다고 하셨다. 나는 온종일 기대를 했다. 하지만 아버지는 아무것도 사 오시지 않으셨다. ___
_____

(10)

10월 10일 일요일   뭉게구름이 두둥실

수영장

아침에 용준이와 수영장에 갔다. 나는 수영을 못해서 선생님께 수영을 배웠다. 그런데 용준이는 물개처럼 혼자서도 수영을 잘했다. _____
_____

5 있었던 일과 생각(2)

 일기를 읽고 있었던 일과 생각을 쓰세요.

5월 13일 토요일   검은 구름과 세찬 비

머리카락

오후에 미용실에 가서 머리카락을 잘랐다. 오랫동안 길렀던 내 머리카락이 바닥에 떨어져 있었다. 떨어진 머리카락이 너무 아까웠다.

있었던 일	미용실에 가서 머리카락을 잘랐다.
생각	떨어진 머리카락이 너무 아까웠다.

(1)

5월 8일 월요일   티 없이 맑은 하늘

현진이의 방귀

학교 국어 시간에 현진이가 '뿡' 하고 방귀를 뀌었다. 선생님께서 누가 방귀를 뀌었냐고 물어보셨다. 현진이가 "저요" 하고 손을 들었다. 현진이는 정말 웃긴 아이다.

있었던 일	
생각	

(2)

5월 11일 목요일   비온 뒤 해님이 방긋

꿈

수업 시간에 선생님께서 각자 꿈을 얘기해 보라고 하셨다. 은지는 선생님이 되고 싶다고 했고, 준영이는 비행기 조종사가 되고 싶다고 했다. 나는 아직 꿈이 없어서 슬펐다.

있었던 일	
생각	

(3)

> 5월 13일 토요일　바람이 산들산들
>
> 할아버지와 할머니
>
> 할아버지, 할머니께서 오랜만에 우리 집에 오셨다. 할아버지께서 반찬을 잔뜩 들고 들어오셨다. 반찬이 정말 맛있었다. 할머니의 음식을 매일 먹을 수 있으면 좋겠다.

있었던 일	
생각	

(4)

> 5월 14일 일요일　솜사탕 구름이 잔뜩
>
> 빌린 책
>
> 저녁에, 주형이에게서 빌린 책을 읽고 있었다. 그런데 그만 어머니께서 주신 주스를 마시다가 책에 쏟고 말았다. 주형이에게 무척 미안했다.

있었던 일	
생각	

여러분에게 오늘 '있었던 일'을 떠올려 보세요. 그리고 아래 표처럼 질문에 알맞게 빈칸을 채우세요.

언제 있었던 일인가요?	아침 등교 시간
어떤 일이 있었나요?	학교 가는 길에 창선이를 만나서 같이 문구점에 들렀다. 새로 나온 장난감을 시간 가는 줄 모르고 보았다. 그러다 정신을 차리니 등교 시간이 지나 있었다. 결국 지각을 해서 선생님께 크게 혼났다.
어떤 생각이 들었나요?	등굣길에는 학교에 늦지 않도록 정신을 차려야겠다.

(5)

언제 있었던 일인가요?	
어떤 일이 있었나요?	

어떤 일이 있었나요?	
어떤 생각이 들었나요?	

(6)

언제 있었던 일인가요?	
어떤 일이 있었나요?	
어떤 생각이 들었나요?	

있었던 일 ①

수정이는 오전에 식구들과 주말농장에 갔다. 고구마 캐기 시합을 했는데 아버지께서 일등을 하셨다. 수정이는 꼴찌였다. 아쉽지만 다음에는 꼭 일등을 하겠다고 다짐했다.

있었던 일 ②

오후에는 어머니와 목욕탕에 갔다. 주말농장에서 일해 흙이 많이 묻었는데 어머니께서 깨끗이 닦아 주셨다. 다 씻고 나오니 기분이 무척 개운했다. 수정이는 어머니와 목욕탕에 자주 가고 싶다는 생각이 들었다.

있었던 일 ③

저녁에는 아버지께서 감자와 양파, 당근을 썰어 넣고 볶음밥을 만들어주셨다. 요리가 완성되어 맛을 보았다. 감자는 덜 익었고, 밥은 너무 짰다. 아버지는 요리를 안 하시는 게 낫겠다고 생각했다.

수정이는 '있었던 일' ①로 일기를 쓰기 전에 내용을 다음과 같이 정리했습니다.

있었던 일	오전에 식구들과 주말농장에 가서 고구마 캐기 시합을 했는데 내가 꼴찌를 했다.
생각	다음에는 꼭 1등을 하고 싶다.

정리한 내용을 바탕으로 일기를 써 보았습니다.

8월 20일 토요일　더워서 땀이 뻘뻘		날짜, 요일, 날씨
주말농장		제목
		한 줄 비우기
	오전에 식구들과 주말농장에 가서 고구마	있었던 일
캐	기 시합을 했다. 아버지께서 고구마를 제일	
빨	리 캐셨다. 나는 아쉽게도 꼴찌를 했다.	
다	음에는 꼭 1등을 하고 싶다.	생각

수정이에게 있었던 일 ②와 ③으로 다음 표를 채우고 일기를 쓰세요.

(1)

있었던 일	
생각	

8월 20일 토요일　더워서 땀이 뻘뻘
목욕탕

(2)

있었던 일	
생각	

8월 20일 토요일   더워서 땀이 뻘뻘

아버지의 볶음밥

다음은 그림일기를 쓰는 방법입니다.

월   일   요일   날씨:
제목:

날짜, 요일, 날씨, 제목을 씁니다.

오늘 있었던 일 중에 가장 기억에 남은 장면을 그림으로 나타냅니다.

오늘 있었던 일과 생각을 씁니다.

있었던 일	중앙 박물관으로 현장 학습을 갔다.
생각	박물관에 자주 가고 싶다.

10월 24일 금요일   세찬 바람
중앙 박물관 현장 학습

학교에서 중앙박물관으로 현장 학습을 갔다. 흙으로 만든 그릇과 멋진 칼이 있었다. 왕관은 책에서 보던 것보다 훨씬 크고 멋있었다. 또 박물관 건물이 안에 커다란 탑이 있는 것도 무척 놀라웠다. 박물관에 자주 가서 더 많은 전시품들을 자세히 보고 싶다.

오늘이나 요즈음 있었던 일로 표를 채우고 일기를 쓰세요.

(1)

있었던 일	
생각	

월   일   요일   날씨:
제목:

(2)

있었던 일	
생각	

월 일 요일 날씨:
제목:

9과 겪은 일 쓰기

1 시간

시간은 크게 세 종류로 나눌 수 있습니다.

과거	지나간 시간. 예) 어제, 지난주, 지난달, 작년
현재	지금의 시간. 예) 오늘, 지금
미래	앞으로 올 시간. 예) 내일, 다음 주, 다음 달, 내년

시간에 따라 문장의 끝부분이 달라집니다. '가다'라는 낱말을 예로 들어서 시간에 따른 문장의 변화를 살펴봅시다.

나는 어제 박물관에 갔다.

나는 지금 박물관에 간다.

나는 내일 박물관에 갈 것이다.

밑줄 친 부분과 어울리는 낱말을 찾아 쓰세요.

| 어제 | 지금 | 내일 |

(1) ① 나는 _____ 나무를 <u>심었다.</u>

② 나는 _____ 나무를 <u>심을 것이다.</u>

③ 나는 _____ 나무를 <u>심는다.</u>

(2) ① 나는 _____ 머리카락을 <u>자를 것이다.</u>

② 나는 _____ 머리카락을 <u>자른다.</u>

③ 나는 _____ 머리카락을 <u>잘랐다.</u>

(3) ① 나는 _____ 놀이공원에 <u>간다</u>.

② 나는 _____ 놀이공원에 <u>갔다</u>.

③ 나는 _____ 놀이공원에 <u>갈 것이다</u>.

(4) ① 나는 _____ 청소를 <u>할 것이다</u>.

② 나는 _____ 청소를 <u>했다</u>.

③ 나는 _____ 청소를 <u>한다</u>.

(5) ① 나는 _____ 서점에 <u>갔다</u>.

② 나는 _____ 서점에 <u>갈 것이다</u>.

③ 나는 _____ 서점에 <u>간다</u>.

밑줄 친 부분과 어울리는 말로 바꾸어 쓰세요.

(6) 형은 <u>아까</u> 그 책을 _____ 읽었다 _____.

① 형은 <u>지금</u> 그 책을 _____.

② 형은 <u>이따가</u> 그 책을 _____.

(7) 우리는 <u>내일</u> 떡볶이를 _____ 먹을 것이다 _____.

① 우리는 <u>어제</u> 떡볶이를 _____.

② 우리는 <u>지금</u> 떡볶이를 _____.

(8) 제주도에는 <u>지금</u> 눈이 _____ 내린다 _____.

① 제주도에는 <u>어제</u> 눈이 _____.

② 제주도에는 <u>이따가</u> 눈이 _____.

⑼ 나는 어제 이삿짐을 ＿＿＿＿＿＿＿＿ 옮겼다 ＿＿＿＿＿＿＿＿ .

① 나는 지금 이삿짐을 ＿＿＿＿＿＿＿＿＿＿＿＿＿ .

② 나는 내일 이삿짐을 ＿＿＿＿＿＿＿＿＿＿＿＿＿ .

⑽ 나는 지금 현규를 ＿＿＿＿＿＿＿ 만난다 ＿＿＿＿＿＿＿ .

① 나는 아까 현규를 ＿＿＿＿＿＿＿＿＿＿＿＿＿ .

② 나는 이따가 현규를 ＿＿＿＿＿＿＿＿＿＿＿＿ .

⑾ 나는 지금 청소를 ＿＿＿＿＿＿ 한다 ＿＿＿＿＿＿＿＿ .

① 나는 내일 청소를 ＿＿＿＿＿＿＿＿＿＿＿＿ .

② 나는 어제 청소를 ＿＿＿＿＿＿＿＿＿＿＿＿ .

2 겪은 일 쓰기

 다음 글을 읽고 물음에 답하세요.

(1)

> ### 연날리기
>
> 지난주 일요일에 진성이와 연날리기를 했다. 우리는 연을 날리기 위해 집 앞에 있는 공원으로 나갔다. 바람이 세게 불어서 연이 잘 날았다. 연날리기가 무척 재미있었다.

① 언제, 어디에서 일어난 일인가요?

_____

② 어떤 일이 있었나요?

_____

③ 어떤 느낌이나 생각이 들었나요?

_____

(2)

미역무침

　어제 집에서 아침을 먹었다. 어머니께서 반찬으로 미역무침을 만들어 주
셨다. 미역무침을 처음 먹어 봤는데 새콤하고 부드러워서 맛있었다. 맛있
는 반찬을 만들어 주신 어머니께 정말 감사했다.

① 언제, 어디에서 일어난 일인가요?

_____

② 어떤 일이 있었나요?

_____

③ 어떤 느낌이나 생각이 들었나요?

_____

'있었던 일'에 '생각'을 가장 잘 곁들여 쓴 글을 찾아 동그라미 하세요.

(3)

① (　　)

생일 선물

어제는 내 생일이었다. 아버지께서 자전거를 생일 선물로 사 주셨다. 생일 선물을 받아서 기분이 정말 좋았다.

② (　　)

생일 선물

어제는 내 생일이었다. 아버지께서 자전거를 생일 선물로 사 주셨다.

③ (　　)

생일 선물

어제는 내 생일이었다. 아버지께서 자전거를 생일 선물로 사 주셨다. 저녁밥으로 먹은 라면이 매우 맛있었다.

다음은 준수가 겪은 일을 글로 쓰기 전에 내용을 정리한 표입니다. 여러분도 겪은 일을 떠올려 표를 채우세요.

언제, 어디서	지난가을 학교 운동장
있었던 일	운동회를 했는데, 우리 반이 줄다리기에서 우승을 차지했다.
느낌이나 생각	다 함께 힘을 합쳐 이겨서 기쁘고 뿌듯했다.

(4)

언제, 어디서	
있었던 일	

느낌이나 생각	

(5)

언제, 어디서	
있었던 일	
느낌이나 생각	

요즈음 현주가 겪은 일들입니다.

①

지난주 일요일이었다. 현주는 아버지와 동물원에 갔다. 사람이 너무 많아서 현주는 호랑이를 못 보고 있었다. 아버지는 그런 현주를 위해 목말을 태워 주셨다. 아버지께 감사했다.

②

그저께였다. 현주의 짝꿍 연지가 다른 학교로 전학을 갔다. 현주는 짝꿍 없이 혼자 앉았다. 현주는 연지를 무척 보고 싶었다.

③

어제 미술 시간이었다. 은성이가 자리에서 일어나다가 현주의 그림에 물을 엎질렀다. 현주는 무척 화가 났다.

④

어제저녁이었다. 동생 진수의 생일이어서 가족과 음식점에서 밥을 먹었다. 음식이 정말 맛있어서 다음에 다시 오고 싶었다.

* 목말: 남의 어깨 위에 두 다리를 벌리고 올라타는 일.

현주는 겪은 일 ①을 글로 쓰려고, 내용을 정리했습니다.

겪은 일 ①		느낌이나 생각
언제, 어디서	지난주 일요일, 동물원	
있었던 일	사람이 너무 많아서 호랑이를 못 보고 있었는데 아버지께서 목말을 태워 주셨다.	아버지께 감사했다.

현주는 위에 적은 내용으로 글을 썼습니다.

목말	첫째 줄은 비웁니다.
	둘째 줄 가운데에 제목을 씁니다.
	셋째 줄도 비웁니다.
지난주 일요일이었다. 아버지와 동물원	
에	갔다. 사람이 너무 많아서 호랑이를 못	언제, 무슨 일을 겪었는지 씁니다.
보	는 나를 위해 아버지께서 목말을 태워	
주	셨다. 아버지께 정말 감사했다.	자기 느낌이나 생각을 씁니다.

현주가 겪은 일 ②~④의 내용에 맞게 표를 채우고, 그 내용으로 글을 쓰세요.

(1)

겪은 일 ②		느낌이나 생각
언제, 어디서	그저께, 학교	연지를 무척 보고 싶었다.
있었던 일	짝꿍 연지가 전학을 가서 혼자 앉았다.	

짝꿍 연지

(2)

겪은 일 ③		느낌이나 생각
언제, 어디서		
있었던 일		

물에 젖은 내 그림

(3)

겪은 일 ④		느낌이나 생각
언제, 어디서		
있었던 일		

가족 외식

10과 설명하는 글

1 설명하는 글과 주장하는 글

읽는 사람이 어떤 것에 대해 잘 알 수 있도록, 쉽게 풀어 쓴 글을 '설명하는 글'이라고 합니다.

① 장미는 줄기에 가시가 있다.   (설명하는 글)
② 장미꽃을 꺾지 말자.   (주장하는 글)

①은 어떤 것에 대한 '사실'을 있는 그대로 쓴 설명하는 글입니다. ②는 자신의 '의견'이 들어가 있어서 설명하는 글이 아닙니다. 이렇게 상대에게 의견을 내세우는 글을 '주장하는 글'이라고 합니다.

다음 문장을 읽고, 설명하는 글에는 '설', 주장하는 글에는 '주'라고 쓰세요.

(1) ┌ ① 연필은 학용품이다.   (   )

    └ ② 학용품을 아껴 쓰자.   (   )

(2)

　　┌ ① 음식을 골고루 먹자.　　　　　　　　(　　　　　　　　　)

　　└ ② 오이와 당근은 채소다.　　　　　　　(　　　　　　　　　)

(3)

　　┌ ① 한글을 사랑하자.　　　　　　　　　(　　　　　　　　　)

　　└ ② 한글은 우리나라의 글자다.　　　　　(　　　　　　　　　)

(4)

　　┌ ① 사과는 과일이다.　　　　　　　　　(　　　　　　　　　)

　　└ ② 사과를 깨끗이 씻어서 먹자.　　　　(　　　　　　　　　)

(5)

　　┌ ① 도서관에서는 책을 조용히 읽자.　　(　　　　　　　　　)

　　└ ② 도서관은 책을 읽는 곳이다.　　　　(　　　　　　　　　)

무엇일까요?

빈칸에 알맞은 낱말을 넣어 설명하는 문장을 완성하세요.

(1) 토끼는 [   ] 이다.

(2) 개미는 [   ] 이다.

(3) 배추는 [   ] 이다.

(4) 개나리는 봄에 피는 [   ] 이다.

| 채소 | 꽃 | 동물 | 곤충 |

보기의 낱말을 이용하여 설명하는 문장을 완성하세요.

연필, 지우개, 공책은 | 학용품이다 | .

(5) 사과, 감, 배는 | | .

(6) 비둘기, 참새, 오리는 | | .

(7) 고등어, 꽁치, 참치는 | | .

| 새 | 과일 | 물고기 |

3 어디에 있을까요?

빈칸에 알맞은 낱말을 넣어 설명하는 문장을 완성하세요.

(1) 인형은 상자 [   ] 에 있다.

(2) 축구공은 상자 [   ] 에 있다.

(3) 모자는 의자 [   ] 에 있다.

(4) 운동화는 의자 [   ] 에 있다.

| 위 | 아래 | 안 | 밖 |

보기의 낱말을 이용하여 설명하는 문장을 완성하세요.

(5) 필통 안에는   .

(6) 필통 밖에는   .

(7) 책상 위에는   .

(8) 책상 아래에는   .

(9) 책상 옆에는   .

| 가방 | 연필 | 지우개 | 의자 | 책 |

4 자료를 보고 설명해요

 다음 자료를 바탕으로 설명하는 글을 쓰세요.

	생김새	귀가 길고, 다리가 짧다.
	먹이	나뭇잎, 채소

토끼는 귀가 길고, 다리가 짧다. 나뭇잎과 채소를 주로 먹는다.

(1)

	생김새	얼굴과 꼬리가 길다.
	먹이	풀, 채소

(2)

	생김새	지느러미가 있고, 이빨이 날카롭다.
	사는 곳	바다

(3)

	생김새	가늘고 길다.
	쓰임	음식을 집는 데에 쓴다.

5 순서대로 써요

다음은 개구리가 되는 과정을 순서대로 설명한 글입니다. 그림을 보고 빈칸에 알맞은 말을 쓰세요.

(1)

(2)

(3)

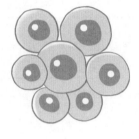

봄이 되면 개구리는 물가에 (1) [　　　] 을 낳는다. 며칠이 지나면 그것에

서 꼬리와 아가미가 있는 (2) [　　　　　] 가 나온다. 다시 며칠

이 지나면 아가미가 사라지면서 뒷다리와 앞다리가 나오고, 꼬리가 짧아져

(3) [　　　　　] 가 된다.

* 아가미: 물속에서 사는 동물이 숨을 쉬는 기관.

11과 주장하는 글

국어 시간이었습니다. 민수가 선생님 몰래 짝꿍 지혜에게 말을 걸었습니다.

"너희 집에 강아지 있어?"

"아니, 없어!"

"우리 집에는 있는데 정말 귀여워! 이따가 우리 집에 가서 강아지랑 같이 놀래?"

"그래."

"정말이지? 수업 끝나고 우리 집에 같이 가는 거다!"

민수가 신이 나서 큰소리로 외쳤습니다.

"민수야, 조용히 하자!"

선생님께서 한마디 하셨습니다. 하지만 민수는 또다시 지혜에게 말을 걸기 시작했습니다. 지혜는 민수 때문에 선생님의 말씀에 집중할 수가 없었습니다. 그래서 지혜는 쉬는 시간에 민수에게 자기 생각을 담아 쪽지를 썼습니다.

민수에게

민수야, 네가 떠들어서 선생님 말씀에 집중할 수가 없었어. 수업 시간에는 조용히 해야 해.

지혜가

다음은 앞글을 보고 정리한 주장과 까닭입니다.

주장	수업 시간에는 조용히 하자.
까닭	선생님 말씀에 집중할 수가 없기 때문이다.

어떤 일에 대해 자기의 생각이나 의견을 내세우는 것을 '주장'이라고 합니다. 그리고 '주장'을 할 때에는 그에 알맞은 '까닭'이 있어야 합니다. 이처럼 자기 생각을 다른 사람에게 전달하기 위해 자신의 주장을 밝혀 쓴 글을 '주장하는 글'이라고 합니다.

 다음 상황에 알맞은 주장을 찾아 동그라미 하세요.

(1)
쉬는 시간이었다. 은수가 복도를 걸어가고 있는데 맞은 편에서 영준이가 뛰어왔다. 은수는 피할 틈도 없이 영준이와 꽝 부딪치고 말았다.

① 복도에서 뛰어다니지 말자. (   )

② 친구를 잘 피하자. (   )

다음 상황을 읽고, 빈칸에 알맞은 낱말을 넣어 주장을 완성하세요.

(2)
> 민재는 학원에 가려고 건널목 앞에 섰다. 민재는 이리저리 살펴보더니 신호가 빨간불인데도 길을 건넜다. 달려오던 택시가 '끼익' 소리를 내며 민재 앞에서 급하게 멈췄다.

주장: 교통 [   ] 를 지키자.

(3)
> 급식 시간에 민수네 반 아이들이 줄을 서서 자신의 차례를 기다리고 있었다. 그런데 맨 뒤에 있던 현규가 갑자기 민수 앞에 끼어들었다. 민수와 그 뒤에 서 있던 아이들은 모두 화가 났다.

주장: [   ] 를 잘 지키자.

(4) 재희는 놀이터 앞에서 현주를 기다렸다. 함께 도서관에 가기로 약속했기 때문이다. 그런데 현주는 약속 시간이 한참이 지나서야 나타났다. 재희는 현주가 미웠다.

주장: [   ] 을 잘 지키자.

(5) 창민이는 잠자기 전에 초콜릿을 먹었다. 초콜릿을 다 먹고 나서는, '귀찮으니까 오늘은 이를 닦지 말아야지.' 하고 그냥 잤다.
며칠 후, 창민이는 이가 콕콕 쑤시고 아팠다. 그래서 어머니와 치과에 갔다.

주장: [   ] 를 잘 닦자.

2 주장과 까닭

수업 시간에 '주장과 까닭'에 대해 배우고 있었습니다.

"교통 질서와 관련해 의견을 나타내고 싶은 사람은 손을 드세요."

선생님께서 말씀하시자 경찬이가 손을 번쩍 들었습니다.

"그래, 경찬이가 말해 볼래요?"

"교통 신호를 잘 지켜야 합니다."

"왜 그렇게 생각해요?"

"교통 신호를 지키지 않으면 사람이 다치거나 목숨을 잃을 수 있기 때문입니다."

경찬이가 씩씩하게 대답했습니다.

"맞아요. 지금 경찬이는 자신의 주장을 펼치면서 까닭도 함께 말해 주었어요. 이처럼 자신의 주장을 펼칠 때에는 그 까닭도 말해야 듣는 사람이 고개를 끄덕일 수 있어요."

선생님은 경찬이가 한 말을 다음과 같이 정리해 주셨습니다.

주장	교통 신호를 잘 지키자.
까닭	교통 신호를 지키지 않으면 다치거나 목숨을 잃을 수도 있기 때문이다.

다음 글을 읽고, 빈칸에 들어갈 낱말을 본문에서 찾아 쓰세요.

학교 수업이 끝난 뒤였습니다. 지혁이와 친구들이 운동장에서 같이 공을 차며 놀았습니다. 지혁이가 친구들에게 공을 차려고 하는데 뒤에 있던 준수가 지혁이를 불렀습니다.

"지혁아, 나한테 차."

하지만 지혁이는 친구들이 모여 있는 쪽으로 공을 찼습니다.

"나한테 차라니까. 바보 같은 놈."

준수의 말을 들은 지혁이는 무척 화가 났습니다.

"친구들이랑 함께 놀아야지, 너한테만 공을 차면 어떻게 해. 그리고 왜 욕을 하냐?"

"나한테 공을 차라고 말했을 뿐인데 왜 그렇게 화를 내냐?"

지혁이도 기분이 상해서 집에 갈 때까지 준수와 말을 하지 않았습니다.

(1)	주장	욕을 하지 말자.
	까닭	상대방의 [ ] 이 상하기 때문이다.

"야, 땅꼬마! 같이 가자."

태현이가 민호를 부르며 달려왔습니다. '땅꼬마'는 바로 키가 작은 민호의 별명입니다. 하지만 그건 민호가 가장 듣기 싫어하는 말입니다. 민호는 무척 기분이 나빴습니다.

"내가 땅꼬마라고 부르지 말랬지?"

"뭐 어때? 땅꼬마니까 땅꼬마라고 부르지!"

태현이는 히죽히죽 웃었습니다.

"그럼, 내가 너한테 슈퍼 돼지라고 하면 좋겠어?"

'슈퍼 돼지'는 바로 태현이의 별명입니다.

"지금 뭐라고 했어?"

태현이도 자신이 싫어하는 별명을 듣자 화가 나서 씩씩거리며 민호를 노려보았습니다.

	주장	친구가 싫어하는 [ ] 을 부르지 말자.
(2)	까닭	친구의 기분이 나빠지기 때문이다.

다음 글을 읽고, 빈칸에 알맞은 주장이나 까닭을 쓰세요.

지난주 토요일이었습니다.

수진이는 부모님과 함께 공원으로 놀러 갔습니다. 공원에는 가족과 함께 나들이를 나온 사람들이 많았습니다. 공원을 한 바퀴 돌자 수진이는 배가 고팠습니다.

"어머니, 배고파요. 우리 밥 먹어요."

수진이네 가족은 나무 그늘로 향했습니다. 그런데 가까이 가서 보니, 쓰레기가 아무 데나 버려져 있었습니다. 쓰레기들에서 냄새가 심하게 나고, 벌레도 많았습니다.

"앗! 이게 무슨 냄새야?"

수진이는 코를 감싸 쥐고는 얼굴을 찌푸렸습니다. 수진이네 가족은 그곳에서 밥을 먹을 수 없었습니다. 수진이는 쓰레기를 아무 데나 버린 사람들 때문에 기분이 매우 나빴습니다.

(3)	주장	
	까닭	주변이 지저분해지기 때문이다.

지수는 어머니와 함께 도서관에 갔습니다. 도서관 책장에는 온갖 책들이 빽빽하게 꽂혀 있었습니다. 지수는 동화책을 한 권 골랐습니다. 그러고는 빈자리를 찾기 위해 주변을 둘러보았습니다. 모두 자리에 앉아 조용히 책을 읽고 있었는데 그중에 친구인 예진이가 보였습니다.

"야, 김예진!"

지수는 반가운 마음에 예진이의 이름을 크게 불렀습니다.

"어! 지수야, 언제 왔어?"

"조금 전에. 그런데 너 무슨 책 읽어?"

"응, 만화책! 이거 진짜 재밌어."

지수와 예진이는 시끄럽게 떠들었습니다. 다른 사람들이 그 둘을 쳐다보았습니다.

깜짝 놀란 지수 어머니께서 지수와 예진이에게 다가오셨습니다.

"쉿! 다른 사람들에게 방해가 되니까 조용히 해야지."

(4)	주장	도서관에서 조용히 하자.
	까닭	

12과 동화 독후감

1 구멍 난 그릇

구멍 난 그릇

– 최은섭

어느 날, 동물 나라 임금이 돼지와 토끼와 사슴한테 흙을 주며 말하였습니다.

"이 흙은 아픈 상처를 치료할 수 있는 신기한 흙이란다. 이 신기한 흙으로 그릇을 빚어 주지 않겠니? 가장 아름다운 그릇을 빚어 주면 상을 주마."

동물들은 이튿날부터 열심히 그릇을 빚기 시작하였습니다. 그리고 그릇을 다 빚자 임금에게 가지고 갔습니다. 누가 상을 받는지 보려고 여러 동물도 함께 갔습니다. 임금은 그릇을 찬찬히 살펴보았습니다. 그러다가 사슴이 만든 그릇을 보고 고개를 갸우뚱하였습니다. 이 모습을 본 아기 다람쥐가 웃으며 말하였습니다.

"하하하, 구멍 난 그릇이야. 바닥에 구멍이 뻥 뚫렸잖아?"

모두 웃음을 터뜨렸습니다.

"사슴아, 너는 어찌하여 구멍 난 그릇을 빚었느냐?"

"임금님, 저는 친구를 도와주고 싶었습니다."

사슴이 고개를 숙이며 대답하였습니다. 그때 염소가 앞으로 나서며 말하였습니다.

"임금님, 저는 다리를 다쳐서 보름 동안이나 꼼짝을 못 하였습니다. 이

소식을 들은 사슴이 자기가 빚던 그릇의 바닥을 떼어 저에게 가지고 왔습니다. 그리고 제 아픈 다리에 발라 주었습니다. 그래서 사슴의 그릇에 구멍이 생겼습니다."

염소의 말을 듣고 임금은 매우 기뻐하였습니다. 그리고 사슴한테 큰 상을 내렸습니다.

다음은 앞에서 읽은 동화의 내용을 정리한 것입니다. 빈칸에 알맞은 말을 쓰세요.

(1) 동물 나라 임금이 동물들에게 신기한 힘이 있는 흙을 주며 아름다운 [　　] 을 빚어 달라고 했다.

(2) [　　] 이 만든 그릇은 바닥에 [　　] 이 나 있었다. 임금이 그 이유를 물었다.

(3) 염소는, 사슴이 그릇을 빚다가 [　　] 을 떼어 자신의 아픈 다리에 발라 주었다고 말했다.

(4) 그 말을 듣고, [　　] 은 기뻐하며 사슴에게 큰 [　] 을 주었다.

개미와 베짱이

– 이솝

숲속에 개미와 베짱이가 살고 있었습니다. 개미는 여름인데도 겨울철 먹을거리를 모으기 위하여 땀을 뻘뻘 흘리며 일을 했습니다. 그런데 베짱이는 시원한 나무 그늘에 누워 노래를 부르며 신나게 놀기만 했습니다.

"랄랄라, 즐거운 여름이다. 우리 즐겁게 노래하며 춤추자. 미련한 개미들이 일하는 동안 우리는 재미있게 놀아 보자."

개미가 걱정스러운 목소리로 베짱이에게 말하였습니다.

"베짱이야, 그렇게 일을 하지 않고 놀기만 하다가는 겨울에 먹을 게 없어서 굶어 죽을지도 몰라. 어서 같이 일하자."

그러나 베짱이는 코웃음을 쳤습니다.

'한여름에 벌써 겨울 걱정을 하다니! 어리석은 개미들이야. 그때 일은 그때 가서 생각하면 되지!'

드디어 여름이 지나가고 가을이 왔습니다. 산과 들판이 누렇게 물들고 날씨는 점점 추워졌습니다. 베짱이는 걱정되기 시작했습니다.

'아이고 추워라, 벌써 겨울이 오는구나.'

어느새 몹시 추운 겨울이 되었습니다. 나뭇잎은 모두 떨어지고 눈이 수북이 쌓였습니다. 베짱이는 먹을거리가 없어서 추위에 벌벌 떨며 숲속을 헤매고 있었습니다.

'아이, 배고파. 이러다가는 춥고 배가 고파서 얼어 죽거나 굶어 죽겠어. 여름에 개미가 했던 말을 듣고 먹을거리를 모아 두었다면 얼마나 좋았을까?'

배가 고픈 베짱이는 창피했지만 다른 방법이 없어 개미네 집을 찾아갔습니다. 개미네 집에서 맛있는 냄새가 솔솔 풍겨왔습니다. 베짱이는 용기를 내어 문을 두드렸습니다.

'이 추운 겨울에 누가 찾아왔을까?'

개미가 문을 열고 보니 베짱이가 오들오들 떨면서 서 있었습니다.

"개미야, 나에게도 먹을거리를 좀 나누어 줄 수 있겠니?"

그러자 개미가 베짱이에게 말하였습니다.

"그럼. 어서 들어와, 베짱이야. 내가 모아 둔 먹을거리가 많으니까 우리 함께 사이좋게 나누어 먹자."

베짱이는 지난 날을 후회하였습니다. 여름 동안 놀기만 한 자신이 너무 부끄러웠습니다.

동화 독후감은 동화를 읽고 난 뒤에, 감상을 쓰는 글입니다. 동화를 읽고 나서 기억에 남은 부분을 짧게 쓰고, 그 부분에 대한 자기의 느낌이나 생각을 함께 적습니다.

다음은 은영이가 '개미와 베짱이'를 읽고 그림일기장에 쓴 독후감입니다.

11월 25일 목요일　　바람이 쌩쌩	날짜, 요일, 날씨
'개미와 베짱이'를 읽고	책의 제목
	그림
개미와 베짱이를 읽었다.	책 소개
개미는 겨울 동안 먹을거리를 모으기 위	기억에 남은 부분
해　무더운 여름에도 열심히 일했다.	
개미는 참 부지런하고 성실하다. 나도 개	느낌이나 생각
미　처럼 늘 부지런하고, 준비를 잘하는 사람	
이　　되고 싶다.	

(1) 여러분도 '개미와 베짱이'를 읽고 다음 그림일기장에 독후감을 쓰세요.

월   일   요일   날씨:
제목:

3 토끼와 거북이

토끼와 거북이

– 이솝

숲속에 토끼와 거북이가 살고 있었습니다. 토끼는 자신이 숲에서 가장 빠르다고 뽐내곤 했습니다.

'이 숲속에서 나보다 빠른 동물은 없어!'

어느 날, 엉금엉금 기어가는 거북이를 만났습니다. 토끼는 깔깔 웃으며 거북이를 '느림보'라고 놀렸습니다. 거북이는 화가 나서 토끼에게 달리기 시합을 하자고 제안했습니다.

"토끼야, 저기 언덕 꼭대기에 누가 더 먼저 가는지 시합하자!"

"감히 나와 시합을 하겠다고? 좋아! 하지만 느림보인 네가 나를 이길 수는 없을걸?"

토끼가 거북이를 비웃으며 말했습니다.

"시작!" 소리와 함께 토끼는 깡충깡충 뛰었고, 거북이는 엉금엉금 기어갔습니다.

토끼는 한참을 쉬지 않고 달리다가 뒤를 돌아보았습니다. 그러나 거북이의 모습은 보이지 않았습니다.

'쳇! 느림보 거북이가 날 어떻게 이긴다는 거야? 여기까지 오는 데에도 한참 걸리겠지? 그럼 나는 낮잠이나 자야겠다.'

토끼는 나무 그늘에 누워서 쿨쿨 잠이 들었습니다.

거북이는 쉬지 않고 열심히 기었습니다.

'조금만 더 힘을 내자!'

거북이는 몹시 지쳐서 쉬고 싶었습니다. 하지만 멈추지 않고 기고 또 기었습니다. 어느덧 토끼가 잠들어 있는 언덕을 지나 토끼보다 먼저 산꼭대기에 도착했습니다.

"야호! 내가 토끼를 이겼다!"

거북이가 외치는 소리에 놀란 토끼는 눈을 번쩍 떴습니다. 잠에서 깬 토끼는 있는 힘껏 산꼭대기로 달려갔습니다. 토끼는 눈 깜짝할 사이에 산꼭대기에 도착했으나 시합은 이미 끝난 뒤였습니다. 토끼는 후회했지만 아무 소용이 없었습니다.

다음은 지현이가 '토끼와 거북이'를 읽고 그림일기장에 쓴 독후감입니다.

11월 28일 일요일　아주 맑음	날짜, 요일, 날씨
'토끼와 거북이'를 읽고	책의 제목
	그림
'토끼와 거북이'를 읽었다.	책 소개
줄　토끼는 경주에서 거북이에게 당연히 이길 　　알고 중간에 낮잠을 잤다. 그 사이 거북 이　가 열심히 기어가서 결국 토끼를 이겼다.	기억에 남은 부분
을　토끼가 잘난 척하지 않고 처음부터 최선 　　다했으면 분명히 이겼을 것이다. 나도 방 심　하지 않고 항상 끝까지 최선을 다하는 사 람　이 되어야겠다.	느낌이나 생각

(1) '토끼와 거북이'를 읽고 다음 그림일기장에 독후감을 쓰세요.

월　　일　　요일　　날씨:		
제목:		

4 두 마리 염소

 다음 이야기를 읽고, 물음에 답하세요.

두 마리 염소

– 이솝

깊은 개울에 외나무다리가 있었습니다.

어느 날, 다리 한가운데서 염소 두 마리가 만나게 되었습니다.

"저리 비켜."

한 염소가 말했습니다. 그러자 맞은편의 염소가 대답했습니다.

"난 바빠! 네가 비켜."

둘은 양보하지 않고 서로 비키라며 다투었습니다.

"비키지 못해? 내가 먼저 가야 한다고!"

"너나 비켜, 내가 먼저 건너가야 해!"

염소 두 마리는 마침내 좁은 외나무다리에서 뿔을 맞대고 싸움까지 하게 되었습니다. 결국, 싸우던 염소들은 둘 다 물에 풍덩 빠지고 말았습니다.

깊은 개울에 빠져 허우적거리던 염소 두 마리는 후회했습니다.

'내가 먼저 비켜줄걸.'

(1) '두 마리 염소'를 읽고 다음 그림일기장에 독후감을 쓰세요.

월   일   요일   날씨:
제목:

1단계

2차 개정판

나의 생각 글쓰기

기초 문장력 향상의 길잡이

시서례

도서
출판

정답과 해설

- 본 책에는 답이 확실한 문제도 있지만, 그렇지 않은 것도 있습니다. 답을 자유롭게 쓸 수 있는 문제에는 예시 답안을 적어 놓았습니다.
- 본 정답지에 정답이나 예시 답안이 없는 문제는, 그 문제의 앞에 실린 글쓰기 설명을 참고하세요.
- 설명이 필요한 문제에는 답과 함께 도움말을 실었습니다.

1과 문장을 써요   7쪽

1.

(1) 수영

(2) 강아지

(3) 배

(4) 새

(5) 합니다

(6) 탑니다

(7) 읽습니다

(8) 잡니다

(9) 코끼리

(10) 토끼

(11) 모자

(12) 신발

(13) 밥

(14) 춥니다

(15) 던집니다

(16) 마십니다

2.

(1) 지렁이

(2) 호랑이

(3) 국수

(4) 연필

(5) 교실

(6) 강아지

(7) 자릅니다

(8) 좋아합니다

(9) 입습니다

(10) 읽습니다

3.

(1) 형

(2) 과자

(3) 부릅니다

1.

(1) 낱말

(2) 문장

(3) 낱말

(4) 문장

> '낱말'은 뜻을 지닌 말의 가장 작은 단위입니다. '단어'라고도 합니다.
> '문장'은 낱말이 모여 생각이나 감정을 나타내는 글입니다.
>
> '가'와 '를'처럼 낱말 뒤에 붙어 문장의 뜻을 분명히 해 주는 말을 '조사'라고 합니다.
> 예 기린이 나뭇잎을 먹는다.
> 진호는 어머니와 시장에 갔다.

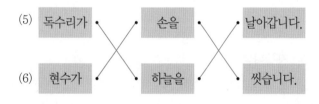

(5) 독수리가 · — 손을 · — 날아갑니다.

(6) 현수가 · — 하늘을 · — 씻습니다.

(7) 예나가 이를 닦습니다.

(8) 코알라가 나뭇잎을 먹습니다.

2.

(1) 그림 그리기를 / 채소를

(2) 노래를 / 인사를

(3) 농구를 / 달리기를

(4) 책을 읽습니다. / 일기를 씁니다.

(5) 공부를 합니다. / 친구들을 만납니다.

(6) 손을 씻습니다. / 숙제를 합니다.

3.

(1) 친구들을 만나면 / 웃어른을 보면

(2) 친구들과 장난을 칠 때 / 재미있는 만화를 보면

(3) 칭찬을 받으면 / 맛있는 음식을 먹으면

(4) 딱지치기는 / 컴퓨터 게임은

(5) 나는 웃는 모습이 / 화분에 핀 꽃이

4.

(1) 색종이로 비행기를 접었습니다.

(2) 추석에는 송편을 먹습니다.

(3) 친구의 생일에 초대를 받았습니다.

(4) 집에서 점심으로 김밥을 먹었습니다.

(5) 놀이터에서 그네를 타고 놀았습니다.

(6) 운동장에서 친구와 줄넘기를 하였습니다.

(7) 비가 와서 우산을 썼습니다.

(8) 눈이 내려서 썰매를 탔습니다.

(9) 감기에 걸려 주사를 맞았습니다.

(10) 날씨가 더워서 선풍기를 켰습니다.

1.

(1) 펑펑

(2) 둥둥

(3) 방긋방긋

(4) 콩콩

(5) 오물오물

(6) 훨훨

(7) 뒤뚱뒤뚱

둥둥: 물체가 물이나 하늘 등에 떠서 움직이는 모양.

훨훨: 새가 높이 떠서 느릿느릿 날개를 치며 매우 시원스럽게 나는 모양.

펑펑: 눈이 세차게 많이 쏟아져 내리는 모양.

콩콩: 작고 가벼운 것이 바닥이나 물체 위에 떨어지거나 부딪쳐 나는 소리.

오물오물: 음식물을 입안에 넣고 조금씩 자꾸 씹는 모양.

뒤뚱뒤뚱: 물체나 몸이 중심을 잃고 가볍게 이리저리 기울어지며 자꾸 흔들리는 모양.

방긋방긋: 입을 예쁘게 약간 벌리며 소리 없이 가볍게 웃는 모양.

2.

(1) 높이

(2) 멀리

(3) 깊이

(4) 빠르게

(5) 예쁘게

(6) 맛있게

(7) 가볍게

3.

(1) 아침에

(2) 오후에

(3) 계단에서

(4) 놀이터에서

4.

(1) 정원에 빨간 꽃이 피었습니다.

(2) 성은이가 시원한 물을 마셨습니다.

(3) 작은 새가 숲으로 날아갔습니다.

(4) 승재가 매운 김치를 먹었습니다.

(5) 정민이는 넓은 교실에 혼자 앉아 있었습니다.

(6) 홍수는 두꺼운 책을 두 권 읽었습니다.

5.

(1) 정연이는 네 시에 방에서 숙제를 했습니다.

(2) 윤주는 오후에 달콤한 솜사탕을 먹었습니다.

(3) 미현이는 숲에서 까만 토끼를 보았습니다.

(4) 희진이가 아침에 큰 돌멩이를 연못에 던졌습니다.

1.

(1) ① 사실   ② 생각

(2) ① ○   ② △

(3) ① △   ② ○

(4) ① ○   ② △

2.

(1) ②

(2) ②

(3) ①

(4) 우리 집에서 영찬이와 라면을 먹었습니다.

(5) 학교에서 운동회를 했습니다.

(6) 메뚜기, 방아깨비, 사슴벌레는 모두 곤충입니다.

3.

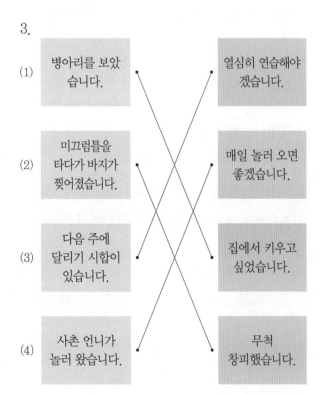

(5) 앞으로 늦잠을 자지 않겠습니다.

(6) 동생이 무척 얄미웠습니다.

(7) 무슨 새인지 궁금했습니다.

(8) 희정이가 빨리 나으면 좋겠습니다.

4.

(1) 무척 창피했습니다.

(2) 수영장에서 물놀이를 했습니다.

(3) 아주 맛있었습니다.

(4) 시험에서 90점을 받았습니다.

(5) 정말 기뻤습니다.

(6) 날씨가 더워서 목이 말랐습니다.

5과 원인과 결과 49쪽

1.

(1) 천둥이 쳤습니다.

(2) 햇볕이 뜨거웠습니다.

(3) 나뭇잎이 떨어졌습니다.

(4) 원인: 우유를 쏟았습니다.

　　결과: 옷이 젖었습니다.

(5) 원인: 거짓말을 했습니다.

　　결과: 벌을 받았습니다.

(6) 원인: 눈이 나빠졌습니다.

　　결과: 안경을 썼습니다.

(7) 원인: 눈이 내렸습니다.

　　결과: 길이 미끄러웠습니다.

(8) 원인: 길을 걷다가 넘어졌습니다.

　　결과: 다리를 다쳤습니다.

2.

(1) 아이스크림을 두 개나 먹었습니다.

(2) 줄넘기를 했습니다.

(3) 인사를 잘했습니다.

(4) 풍선을 아주 크게 불었습니다.

(5) 동생과 다투었습니다.

> '그래서'는 앞의 내용이 뒤의 내용의 원인이나 근거, 조건 따위가 될 때 쓰는 말(접속 부사)입니다. 비슷한 말로는 '그러므로', '따라서' 등이 있습니다.

3.

(1) 배가 고팠습니다.

(2) 이가 썩었습니다.

(3) 연필이 부러졌습니다.

(4) ① 눈이 나빠졌습니다.

　　② 텔레비전을 가까이서 보아서 눈이 나빠졌습니다.

(5) ① 방이 깨끗해졌습니다.

　　② 청소를 해서 방이 깨끗해졌습니다.

(6) ① 신발이 젖었습니다.

　　② 비가 내려서 신발이 젖었습니다.

(7) 수업 시간에 떠들어서 선생님께 혼났습니다.

(8) 비를 맞아서 감기에 걸렸습니다.

(9) 바람이 심하게 불어서 모자가 날아갔습니다.

(10) 창문을 열어서 새소리가 들렸습니다.

1.

(1) 이따가 놀이터에 놀러 갈까 ?

(2) 이 꽃 정말 예쁘구나 !

(3) 학교 끝나고 집에 같이 갈래 ?

(4) 창밖에 비가 내린다 .

(5) 겨울이 지나가고 벌써 봄이 왔구나 !

(6) 연주야 , 밥 먹었니 ?

(7) 영준이 , 진영이는 우리 반 친구들이다 .

(8) 나는 아버지 , 어머니와 함께 여행을 갔다 .

(9) 진호야 , 이것 좀 같이 들어줄 수 있겠니 ?

글이 끝나는 곳에는 문장 부호를 씁니다. 문장 부호는 글쓴이가 글을 쓴 의도를 명확하게 전달하기 위해 사용합니다.

문장 부호를 넣는 문제에서 명확하게 답이 한 개일 때가 대부분이지만, 그렇지 않고 답이 두 개일 때도 있을 수 있습니다. 문제 (2), (5)번의 경우, 느낌표(!) 대신 마침표(.)도 정답이 될 수 있습니다.

2.

(1)

	내	가		좋	아	하	는		겨
울	이		왔	구	나	!		창	밖
에		눈	이		내	린	다	.	

(2)

	윤	주	가		이	사		간	
지		벌	써		한		달	이	
지	났	다	.	윤	주	가		잘	
지	내	는	지		궁	금	하	다	.

(3)

	비	행	기	가		푸	른		하
늘		위	로		높	이		날	아
간	다	.							

(4)

	나	는		크	면		어	린	이
들	을		가	르	치	는		선	생
님	이		되	고		싶	다	.	

(5)

　지각을　해서　선생
님께　혼났다.　앞으로
는　늦게까지　책을
읽지　말아야겠다.

(6)

　명수는　놀이터에서 ∨
현규와　함께　그네를 ∨
탔다.

(7)

　청소가　다　끝나면 ∨
청소　도구를　잘　정
리한다.

(8)

　용태는　내　친구
중에서　농구를　제일 ∨
잘한다.　용태와　같은 ∨
편이　되고　싶다.

2.

(1) 아빠, 엄마

(2) 엄마

3.

(1)

지현아,
미술 시간에 색연필을 빌려줘서 정말 고마워.
은영이가

(2)

희진아,
네가 빌려준 책을 실수로 찢어서 정말 미안
해.
은영이가

(3)

연주야,
나를 보건실에 데려다줘서 고마워. 너는 정말
마음이 착한 친구야.
은영이가

(4)

민경아,
너의 옷에 물을 쏟아서 정말 미안해. 앞으로는
친구들과 심한 장난을 치지 않을게.
은영이가

4.

(1) 3, 23, 일

(2) 세종아파트 1동 1307호

(3)

유환아,
이번 주 토요일은 내 생일이야. 생일잔치에 네
가 와 주면 좋겠어.
때: 20○○년 4월 12일 토요일 오후 1시
곳: 성동 상가 1층 무궁화 분식
기현이가

1.

(1) ②

(2) ②

(3) ①

3.

(1) ①

(2) ②

(3) ②

(4) ① 솜사탕 같은 구름이 잔뜩

  ② 뭉게구름 두둥실

  ③ 하늘이 슬퍼서 흑흑

  ④ 하늘에 구멍이 뻥

  ⑤ 새하얀 눈이 펑펑

  ⑥ 흰 눈이 소복소복

4.

(1) ①

(2) ①

(3) ②

(4) ②

(5) ①

(6) ②

(7) 이모가 좋아하시는 걸 보니 나도 즐거웠다.

(8) 나는 너무 억울해서 화가 났다.

(9) 아버지가 너무 미웠다.

(10) 수영을 잘하는 용준이가 부러웠다.

5.

(1)

있었던 일	현진이가 국어 시간에 방귀를 뀌었다.
생각	현진이는 정말 웃긴 아이다.

(2)

있었던 일	국어 시간에 선생님께서 각자의 꿈을 얘기해 보라고 하셨다.
생각	나는 아직 꿈이 없어서 슬펐다.

(3)

있었던 일	할아버지, 할머니께서 반찬을 잔뜩 들고 우리 집에 오셨다.
생각	할머니의 음식을 매일 먹을 수 있으면 좋겠다.

(4)

있었던 일	주형이에게 빌린 책을 읽다가 주스를 책에 쏟았다.
생각	주형이에게 무척 미안했다.

6.

(1)

있었던 일	오후에 어머니께서 목욕탕에서 나를 깨끗이 닦아 주셨다.
생각	어머니와 목욕탕에 자주 가면 좋겠다.

8월 20일 토요일 더워서 땀이 뻘뻘

목욕탕

해 | 오후에 어머니와 목욕탕에 갔다. 농장에서 일
다 | 더러워진 몸을 어머니께서 깨끗이 닦아주셨
탕 | 다. 씻고 나오니 기분이 좋았다. 어머니와 목욕
  | 에 자주 가고 싶다.

(2)

있었던 일	저녁에 아버지께서 볶음밥을 만들어 주셨다.
생각	아버지는 요리를 안 하시는 게 낫겠다.

8월 20일 토요일 더워서 땀이 뻘뻘

아버지의 볶음밥

볶 | 저녁에 아버지께서 감자와 양파, 당근을 넣어
너 | 음밥을 만들어 주셨다. 당근은 덜 익고, 밥이
시 | 무 짜서 맛이 없었다. 아버지는 요리를 안 하
  | 는게 낫겠다.

1.

(1) ① 어제 ② 내일 ③ 지금

(2) ① 내일 ② 지금 ③ 어제

(3) ① 지금 ② 어제 ③ 내일

(4) ① 내일 ② 어제 ③ 지금

(5) ① 어제 ② 내일 ③ 지금

(6) ① 읽는다 ② 읽을 것이다

(7) ① 먹었다 ② 먹는다

(8) ① 내렸다 ② 내릴 것이다

(9) ① 옮긴다 ② 옮길 것이다

⑩ ① 만났다 ② 만날 것이다

⑪ ① 할 것이다 ② 했다

2.

(1) ① 지난주 일요일, 집 앞 공원

② 진성이와 연날리기를 했다.

③ 연날리기가 무척 재미있었다.

(2) ① 어제, 집

② 어머니께서 아침 반찬으로 미역무침을 만들어
주셨다.

③ 맛있는 반찬을 만들어 주신 어머니께 정말 감
사했다.

(3) ①

(3) ②는 '있었던 일'만 썼습니다. 또, ③은 '있
었던 일'과 관련 없는 생각을 썼습니다.

3.

(1)

짝꿍 연지
가 그저께 학교에서였다. 짝꿍 연지가 전학을 서 나는 혼자 앉아 있었다. 연지를 무척 보고 싶 었다.

(2)

겪은 일 ③		느낌이나 생각
언제, 어디서	어제, 학교	은성이에게 무척 화가 났다.
있었던 일	은성이가 일어나다가 내 그림에 물을 엎질렀다.	

물에 젖은 내 그림
내 어제 수업 시간이었다. 은성이가 일어나다가 그림에 물을 엎질렀다. 은성이에게 무척 화가 났 다.

(3)

겪은 일 ④		느낌이나 생각
언제, 어디서	어제저녁, 음식점	음식이 정말 맛있어서 다음에 다시 오고 싶었다.
있었던 일	동생 진수의 생일이라 가족들과 밥을 먹었다.	

가족 외식
가 어제저녁이었다. 내 동생 진수가 생일이어서 족 들과 음식점에서 밥을 먹었다. 음식들이 정 말 맛있어서 다음에 다시 오고 싶었다.

10과 설명하는 글   125쪽

1.

(1) ① 설 ② 주

(2) ① 주 ② 설

(3) ① 주 ② 설

(4) ① 설 ② 주

(5) ① 주 ② 설

2.

(1) 동물

(2) 곤충

(3) 채소

(4) 꽃

(5) 과일이다

(6) 새다

(7) 물고기이다

3.

(1) 밖

(2) 안

(3) 위

(4) 아래

(5) 연필이 있다

(6) 지우개가 있다

(7) 책이 있다

(8) 가방이 있다

(9) 의자가 있다

4.

(1) 말은 얼굴과 꼬리가 길다. 풀이나 채소를 주로 먹는다.

(2) 상어는 지느러미가 있고, 이빨이 날카롭다. 바다에서 산다.

(3) 젓가락은 가늘고 길다. 음식을 집는 데에 쓴다.

5.

(1) 알

(2) 올챙이

(3) 개구리

11과 주장하는 글 135쪽

1.

(1) ①

(2) 신호

(3) 차례

(4) 약속(약속 시간)

(5) 이

2.

(1) 기분

(2) 별명

(3) 쓰레기를 아무 데나 버리지 말자.

(4) 다른 사람들에게 방해가 되기 때문이다.

12과 동화 독후감 145쪽

1.

⑴ 그릇

⑵ 사슴, 구멍

⑶ 바닥

⑷ 임금, 상

이 작품의 원래 제목은 〈하느님이 찾는 그릇〉입니다.

2.

⑴

	'개미와 베짱이'를 읽었다.
히	베짱이는 여름 동안 놀고먹기만 하면서 열심히 일하는 개미들을 놀렸다.
어 을	베짱이는 노는 것만 좋아하고 정말 게으르고 어리석은 것 같다. 나는 베짱이처럼 해야 할 일을 뒤로 미루는 사람이 되지 말아야겠다.

3.

⑴

	'토끼와 거북이'를 읽었다.
하 끼	거북이는 토끼와의 경주에서 끝까지 포기하지 않고 최선을 다했다. 그 결과 방심한 토끼를 앞질러 경주에서 이겼다.
나 기 겠	거북이의 용기와 끈기가 정말 마음에 들었다. 나도 아무리 힘든 일이 있더라도 거북이처럼 용기를 내서 끝까지 최선을 다하는 마음을 가져야겠다.

4.

⑴

	'두 마리 염소'를 읽었다.
가	염소 두 마리가 좁은 외나무다리에서 먼저 가려고 싸우다가 모두 물에 빠지고 말았다.
하 는 아	서로 조금씩 양보했다면 둘 다 다리를 안전하게 건널 수 있었을 텐데 무척 안타까웠다. 나는 아무리 급하더라도 남에게 먼저 양보할 줄 아는 사람이 되고 싶다.

나의 생각 글쓰기 **1단계**

나의 생각 글쓰기